CW01662916

rien n'est
plus beau...

Armelle Barnier

rien n'est plus beau...

Vanessa Hié

À Lulu et Lélé.

ENCORE UNE FOIS...

Rien n'est plus beau

Que les gouttes d'eau qui tombent du parapluie,

Qu'un coquelicot rouge au milieu d'un pré,

Que le dessin que ma maman m'a fait,

Qu'un arc-en-ciel après la pluie.

En fait,

Rien n'est plus beau que les gouttes

de coquelicot sur le dessin de la pluie.

Rien n'est plus effrayant

Qu'une réunion d'horribles sorcières,
Qu'un cauchemar dans le noir,
Qu'un mauvais dragon en colère,
Qu'un fantôme qui cliquette le soir.

En fait,

Rien n'est plus effrayant qu'une réunion
de cauchemars d'un dragon du soir.

Rien n'est plus proche

Que les cinq doigts d'une main,
Que nos yeux quand on est amoureux,
Que nos cœurs quand on fait un câlin,
Que des fourmis à la queue leu leu.

En fait,

Rien n'est plus proche que les cinq amoureux
de nos cœurs de fourmis.

Rien n'est plus loin

Que mon prochain anniversaire,
Que l'époque des dinosaures,
Que l'Australie à l'autre bout de la terre,
Que d'aller sur la lune chercher un trésor.

En fait,

Rien n'est plus loin que l'anniversaire
des dinosaures sur un bout de lune.

Rien n'est plus chaud

Que le feu dans la cheminée,

Que le soleil qui brille en été,

Qu'un grand bol de chocolat au lait,

Que le sable sous mes pieds.

En fait,

Rien n'est plus chaud que le feu d'un soleil

en chocolat sous mes pieds.

Rien n'est plus froid

Qu'un flocon de neige au Canada,
Qu'une énorme glace au nougat,
Que le bout du bec des pingouins,
Que de sortir du lit le matin.

En fait,

Rien n'est plus froid qu'un flocon de nougat
sur le bec le matin.

Rien n'est plus grand

Que les chaussures d'un géant,

Que mon papa sur un tabouret,

Qu'une échelle de pompiers,

Que l'étendue de l'océan.

En fait,

Rien n'est plus grand que le papa d'un géant

sur l'échelle de l'océan.

827
YE258

Rien n'est plus petit

Que les chaussures d'une fourmi,

Que la maison d'une souris,

Que les doigts d'un bébé,

Qu'une coccinelle sur mon nez.

En fait,

Rien n'est plus petit que les chaussures

d'une souris sur le doigt d'une coccinelle.

Rien n'est plus rapide

Qu'un éclair qui déchire le ciel en été,

Qu'une voiture de course de formule 1,

Qu'une essoreuse de machine à laver,

Qu'une fusée pour aller chez les martiens.

En fait,

Rien n'est plus rapide qu'un éclair de course

dans une essoreuse de martiens.

1

Rien n'est plus lent

Qu'un escargot tout chaud et tout mouillé,
Qu'un nuage dans le ciel au printemps,
Qu'une souris qui fait une course à pied,
Qu'une limace qui prend son temps.

En fait,
Rien n'est plus lent qu'un escargot au printemps
qui fait la course avec le temps.

2
3
5

Rien n'est plus gros

Qu'un bouton sur le nez d'une sorcière,

Qu'un patapouf les pattes en l'air,

Qu'un ogre qui a trop mangé hier,

Qu'un ballon de montgolfière.

En fait,

Rien n'est plus gros qu'une sorcière les pattes en l'air qui a mangé une montgolfière.

Rien n'est plus fin

Que la poudre sur les ailes d'un papillon,

Que le pétale d'une fleur,

Que le fil pour recoudre mon pantalon,

Qu'un haricot vert au beurre.

En fait,

Rien n'est plus fin que la poudre de fleur

sur le fil du beurre.

Rien n'est plus méchant

Qu'un dinosaure pas content,

Qu'un monstre à grandes dents,

Qu'un dragon qui crache en toussant,

Qu'un tigre blanc aux yeux rouge sang.

En fait,

Rien n'est plus méchant qu'un dinosaure

à grandes dents qui crache sur un tigre blanc.

Rien n'est plus gentil

Que Blanche Neige et les sept nains,

Que mon petit chien Poupi,

Que le père Noël et ses lutins,

Que mon petit frère endormi.

En fait,

Rien n'est plus gentil que les sept petits chiens

des lutins endormis.

Rien n'est plus beau

Qu'un nouveau camion de pompiers,

Qu'un cadeau dans du papier doré,

Que le bleu de la mer en été,

Qu'un feu d'artifice le 14 juillet.

En fait,

Rien n'est plus beau qu'un pompier

de papier doré dans la mer d'artifice.

© Actes Sud, 2006, 2014 – ISBN 978-2-330-03049-0
Loi 49-956 du 16 juillet 1949 sur les publications destinées à la jeunesse
Reproduit et achevé d'imprimer en août 2016 par l'imprimerie Printer Portuguesa au Portugal
pour le compte des éditions ACTES SUD Le Méjan, Place Nina-Berberova, 13200 Arles.
Dépôt légal : mars 2014